BIBLIOTHEQUE MORALE

DE

LA JEUNESSE

PUBLIÉE

AVEC APPROBATION

B. J.-B. DE LA SALLE,

FONDATEUR DES ÉCOLES CHRÉTIENNES.

VIE
DU
B. J.-B. DE LA SALLE

FONDATEUR DES ÉCOLES CHRÉTIENNES

Par M. l'abbé A. D., du clergé de Rouen

ROUEN

MÉGARD ET Cᵉ, LIBRAIRES-ÉDITEURS

1866

Propriété des Éditeurs,

Les Ouvrages composant **la Bibliothèque morale de la Jeunesse** ont été revus et **ADMIS** par un Comité d'Ecclésiastiques nommé par SON ÉMINENCE MONSEIGNEUR LE CARDINAL-ARCHEVÊQUE DE ROUEN.

L'Ouvrage ayant pour titre : **Vie du B. J.-B. de la Salle,** a été lu et admis.

Le Président du Comité,

Picard
Archip. de la Métrop.

Avis des Éditeurs.

Les Éditeurs de la **Bibliothèque morale de la Jeunesse** ont pris tout à fait au sérieux le titre qu'ils ont choisi pour le donner à cette collection de bons livres. Ils regardent comme une obligation rigoureuse de ne rien négliger pour le justifier dans toute sa signification et toute son étendue.

Aucun livre ne sortira de leurs presses, pour entrer dans cette collection, qu'il n'ait été au préalable lu et examiné attentivement, non-seulement par les Éditeurs, mais encore par les personnes les plus compétentes et les plus éclairées. Pour cet examen, ils auront recours particulièrement à des Ecclésiastiques. C'est à eux, avant tout, qu'est confié le salut de l'Enfance, et, plus que qui que ce soit, ils sont capables de découvrir ce qui, le moins du monde, pourrait offrir quelque danger dans les publications destinées spécialement à la Jeunesse chrétienne.

Aussi tous les Ouvrages composant la **Bibliothèque morale de la Jeunesse** sont-ils revus et approuvés par un Comité d'Ecclésiastiques nommé à cet effet par Son Éminence Monseigneur le Cardinal-Archevêque de Rouen. C'est assez dire que les écoles et les familles chrétiennes trouveront dans notre collection toutes les garanties désirables, et que nous ferons tout pour justifier et accroître la confiance dont elle est déjà l'objet.

VIE

DU

B. J.-B. DE LA SALLE.

L'abbé de la Salle naquit à Reims, le 30 avril 1651. Il fut baptisé dans l'église Saint-Hilaire, et reçut le nom de Jean-Baptiste. Son père, Louis de la Salle, appartenait à une des familles les plus anciennes et les plus distinguées de la contrée, et sa mère, Nicole Moët de Brouillet, se distinguait par la pratique de ces vertus qui embellissent l'intérieur et font le charme de la vie domestique.

Dès sa plus tendre enfance, Jean de la

Salle montra d'heureuses dispositions pour l'état ecclésiastique : ainsi, il se plaisait à élever des autels dans les parties les plus solitaires de la maison paternelle, à les orner de fleurs, qu'il renouvelait soigneusement, suivant les saisons. C'est là que plusieurs fois le jour il venait réciter ses prières, chantait des cantiques et imitait les cérémonies du culte catholique. L'Église était déjà le centre de ses saintes affections. Tout ce qu'il y voyait le charmait, depuis la sombre majesté de l'enceinte jusqu'aux détails les plus inaperçus des cérémonies religieuses. Mais, de toutes ces cérémonies, celle qui avait pour lui les attraits les plus doux était l'auguste sacrifice de nos autels. Aussi conçut-il un vif désir d'apprendre à servir la messe, fonction dont il s'acquitta toujours avec une piété et une ferveur angéliques.

Ses parents voyaient avec plaisir les heureuses dispositions de leur enfant. Loin de les contrarier, ils les développaient avec soin, au contraire, et se plaisaient à le mener aux offices divins. Le moment étant arrivé pour le jeune de la Salle de se livrer à l'étude des lettres, on le fit entrer dans un collége de l'Université de Reims. Inutile de dire que par sa docilité, son intelligence et son application, il conquit dès les premiers jours l'affection de ses maîtres, en même temps qu'il s'attira l'amitié de tous ses condisciples par sa bonté, sa complaisance et sa franche gaîté.

La vocation qui paraît quelquefois indécise en certains sujets, se montrait en lui dans toutes ses actions, dans toutes ses moindres paroles, dans ses moindres inclinations. Né pour le saint ministère, son unique ambition était de s'y consacrer tout entier. Son père, qui voyait en lui les marques véritables d'une vocation certaine, n'hésita pas un instant à lui permettre de suivre ses pieuses inclinations et de devenir le serviteur de l'Église. A peine eut-il reçu le premier degré de la cléricature, qu'il fut nommé archidiacre de Reims, en remplacement de M. Dozet, qui venait de résigner sa charge de chanoine métropolitain. Jean-Baptiste de la Salle n'avait alors que seize ans. Deux ans plus tard, il reçut les ordres mineurs des mains de Mgr Charles de Bourbon, évêque de Soissons, en l'absence du cardinal Barberini, alors archevêque de Reims.

M. de la Salle n'en poursuivait pas moins avec ardeur le cours de ses études. Comme il voulait se préparer au doctorat, il résolut, de concert avec ses parents, d'entrer au séminaire de Saint-Sulpice, à Paris, qui était alors dirigé par le célèbre abbé Tronson, cet homme à la fois si humble, si simple et si profondément érudit. Jean-

Baptiste passa dix-huit mois dans cette illustre maison. Ayant perdu dans un temps très-rapproché son père et sa mère, il se trouva, en qualité de fils aîné, le chef de la famille. Il lui fallut donc quitter Paris, se séparer de ses pieux directeurs, de ses chers condisciples, son retour à Reims étant devenu nécessaire.

Il n'avait que vingt et un ans au moment où il se vit chargé, d'une manière si imprévue, de l'administration de la maison paternelle et de l'éducation de ses jeunes frères. Certes, le fardeau eût été lourd pour tout autre; mais, doué d'une raison précoce, mûri de bonne heure par le malheur, et pénétré d'une confiance sans bornes envers celui qui proportionne toujours la tâche à nos forces, il envisagea sans effroi toute l'étendue de ses nouvelles obligations et se mit à l'œuvre avec courage.

Toutefois, malgré ses embarras de famille, M. de la Salle conservait toujours le vif désir de se consacrer irrévocablement au Seigneur. Il voulut néanmoins consulter un homme de Dieu, pour connaître davantage les desseins de la divine Providence. Son choix se fixa sur M. l'abbé Roland, chanoine théologal de la cathédrale de Reims. C'était un prêtre d'une piété solide et éclairée, faisant servir au profit des âmes et à la gloire de Dieu les talents dont il était orné. Docile aux conseils de son saint directeur, l'abbé de la Salle n'hésita pas à s'engager dans l'état ecclésiastique par des liens perpétuels : il fut donc ordonné sous-diacre le 11 juin 1672. Ensuite, il employa quatre ans à se préparer au diaconat. Puis, il consacra deux autres années à se rendre digne de monter au saint autel. Et encore, quelles étaient ses frayeurs, en voyant l'expiration du terme qu'il avait fixé lui-même ! « Peut-on jamais être assez préparé, se disait-il, aux fonctions du sacerdoce ? Une charge redoutable aux anges mêmes, une dignité dont le poids a paru accablant aux plus saints personnages, ne doit-elle pas faire reculer un pécheur tel que moi ? M'est-il possible de l'envisager sans frayeur ? »

Enfin, il dut obéir à son directeur, qui tenait à ses yeux la place de Dieu même, et il fut ordonné prêtre, le 9 avril 1678. Il avait alors vingt-sept ans. Oh! qui pourra dire avec quelle piété, quel profond recueillement il célébra sa première messe ? Afin que rien ne pût troubler son âme dans cette action si sainte et si solennelle, il exprima le désir de la célébrer sans aucune cérémonie extérieure. Et dans la suite, il conserva toujours cette modestie angélique, cette piété fervente qu'il avait apportées à la célébration de sa première messe.

M. l'abbé Roland, le sage directeur de

l'abbé de la Salle, joignait à une piété solide et éclairée un zèle infatigable. La corruption des classes pauvres, résultat nécessaire de leur ignorance, faisait le principal objet de ses douleurs, et toutes ses méditations se tournaient vers le remède qu'il serait possible d'y apporter. Il eut donc la pensée de fonder des écoles chrétiennes gratuites. C'était là assurément le véritable remède. Mais que de difficultés dans l'application ! Où trouver des ressources pour ces pieux établissements ? Comment se procurer des sujets en état d'instruire et de former à la piété, par leurs exemples autant que par leurs paroles, la jeunesse pauvre de l'un et de l'autre sexe ? Il fallait avant tout établir des espèces de séminaires où se formeraient des maîtres et des maîtresses capables. Ce fut là l'origine de la communauté des Sœurs de l'Enfant-Jésus, fondée à Reims par M. l'abbé Roland. Mais à peine cette pieuse société venait-elle d'être formée, que Dieu appela à lui le vénérable théologal. A son lit de mort, il pria M. de la Salle de le remplacer auprès de ces pauvres filles que sa mort laissait orphelines. Toujours docile aux volontés de son père spirituel, Jean-Baptiste accepta le soin de sa communauté encore au berceau.

Mais, pour asseoir ce nouvel établissement sur des bases durables, il fallait obtenir l'agrément de la ville, le consentement de l'archevêque et des lettres-patentes du roi. La profonde estime que l'abbé de la Salle avait inspirée à ses concitoyens, la pureté de ses intentions et son désintéressement bien connu assurèrent à sa requête l'approbation authentique des autorités municipales de Reims. Ce premier succès détermina aussitôt le consentement de Mgr Letellier; et ce prélat, non content de donner son agrément à une œuvre si digne de son patronage, se chargea d'obtenir du roi les lettres-patentes. Le crédit dont il jouissait à la cour facilita cette dernière démarche : Louis XIV accorda, avec sa bonne grâce habituelle, la faveur qu'on sollicitait, et les lettres-patentes, obtenues aussitôt que demandées, furent remises par le prélat lui-même entre les mains de l'abbé de la Salle.

C'est ainsi que le Seigneur semblait essayer les forces et le génie organisateur de l'abbé de la Salle, et le préparait à la fondation d'un ordre de Frères instituteurs qui devait plus tard se propager dans tout l'univers.

On peut, d'ailleurs, attribuer l'origine de cette œuvre éminemment chrétienne au fait suivant. Une noble dame, née à Reims, consacrait à des œuvres charitables l'immense fortune dont la mort de son mari l'avait laissée dépositaire. Avertie que l'abbé Roland avait fondé dans sa ville natale une maison destinée à former des maîtresses d'école pour l'instruction des jeunes filles pauvres, elle en établit une pareille à Darnétal, près Rouen, et songea en même temps à compléter à Reims l'œuvre du vénérable théologal, en contribuant de sa fortune à l'établissement d'une maison destinée à former des maîtres pour les écoles de garçons. Elle choisit pour cette délicate entreprise M. Niel, qui déjà avait inauguré avec succès, à Rouen, des écoles gratuites de garçons. Muni de nombreuses recommandations, ce fervent laïque partit pour Reims et alla trouver l'abbé de la Salle, auquel il communiqua ses projets, le priant de l'aider de son crédit et de seconder son zèle pour la fondation dans cette ville d'écoles gratuites de garçons. En un instant l'abbé de la Salle comprit toute l'importance d'une pareille entreprise, et déclara à M. Niel que l'unique moyen de donner à ces écoles un favorable commencement, c'était de les placer sous le patronage d'un curé de la ville, assez zélé pour s'en charger, assez discret pour ne pas trahir le mystère, et assez généreux pour les soutenir. Après un mûr examen, M. de la Salle alla trouver M. l'abbé Dorigny, curé de Saint-Maurice, homme pieux, zélé, et de caractère à poursuivre jusqu'au bout ce qu'il aurait une fois entrepris; il lui communiqua son dessein, qui fut aussitôt agréé avec joie; et même M. Dorigny offrit sa maison à M. Niel, qui ouvrit alors à Reims, le 15 avril 1679, la première école gratuite de garçons.

Bientôt après, Mme de Croyères conçut le projet de fonder sur la paroisse Saint-Jacques une école de garçons sur le modèle de celle de Saint-Maurice. M. de la

Salle consulté, on fit les arrangements nécessaires, et la nouvelle école s'ouvrit sans aucun obstacle, au mois de septembre de la même année. Dieu bénissait visiblement l'œuvre nouvelle : le nombre des élèves augmentait tous les jours, et il devint bientôt indispensable de doubler le nombre des maîtres.

Tout occupé qu'il était de cette fondation, l'abbé de la Salle n'en continuait pas moins avec ardeur ses études. Il reçut le diplôme de docteur au mois d'août 1681. Il avait alors trente ans.

C'est vers cette époque que se place un accident terrible qui faillit lui coûter la vie. Un jour qu'il revenait un peu tard et à pied de la campagne, un ouragan de neige couvrit en un instant la terre et déroba bientôt aux yeux du voyageur attardé toutes les traces du chemin. Un vent impétueux soufflait par rafales et aveuglait, pour ainsi dire, le malheureux piéton. Que faire ? Il ne fallait pas songer à s'attarder : la neige s'accumulait de plus en plus. Aucun abri ne se montrait à l'horizon désert. L'abbé de la Salle continua sa marche ; mais, n'étant plus guidé par aucun signe visible, il ne tarda pas à s'égarer, et tomba enfin dans une espèce d'abîme formé au bord du chemin par une mare profonde dont rien n'annonçait la présence. Le voilà dans un tombeau de neige, n'apercevant le ciel gris au-dessus de sa tête que par l'étroit espace que son corps a creusé en tombant ; la neige tombait toujours et allait bientôt s'appesantir sur lui comme la pierre d'un sépulcre. L'abbé de la Salle, voyant bien qu'à cette heure tardive, par un temps pareil et dans un tel lieu, il n'avait à attendre aucun secours humain, fit le signe de la croix et adressa à Dieu une prière fervente.

A peine les derniers mots de cette invocation étaient-ils prononcés, qu'il sentit renaître dans son cœur un vague rayon d'espérance; son courage se ranima, et il essaya quelques efforts pour s'arracher à l'horrible mort dont il était menacé. Tenter de remonter était impossible, privé qu'il était de tout point d'appui. Il eut le sang-froid de réfléchir que le trou dans lequel il était tombé devait toucher à la route par une paroi très-rapprochée de lui, puisqu'il n'avait pas changé de place depuis le moment de sa chute. Cette réflexion fut un trait de lumière. Aussitôt, avec l'ardeur, non pas du désespoir, puisque Dieu était avec lui, mais de la confiance, il se retourna, et se mit avec ses mains et ses pieds à creuser une espèce de tranchée dans l'immense amas de neige qui le couvrait. Après une demi-heure d'efforts et d'angoisses, ô bonheur! ô miracle! il rencontre l'extrémité d'une branche; il avance encore; c'est un arbre rabougri qui a poussé dans les anfractuosités de la pierre, et qui devient pour l'infortuné la planche du naufragé. Encouragé par ce premier succès, il s'accroche à l'arbre, grimpe jusqu'au haut du tronc; et là, dominant de quelques pouces seulement la neige environnante, il aspire avec bonheur l'air glacé de la nuit, qui lui parut en ce moment plus doux que la brise parfumée du printemps. Après avoir repris haleine, il fit un dernier effort, et se trouva enfin sur un accotement du chemin, hors de tout danger. Aussitôt son âme reconnaissante s'éleva de nouveau vers Dieu, dont la protection venait de le sauver si visiblement.

La neige avait cessé de tomber et la violence du vent avait en partie déblayé la route. M. de la Salle put enfin reprendre le chemin de la ville, où il rentra brisé par la fatigue et l'émotion.

Le zèle pour le progrès des écoles établies croissait en M. de la Salle en proportion du soin qu'il en prenait. Prédestiné à devenir le chef d'un ordre nouveau, il recevait peu à peu de Dieu les grâces nécessaires. Convaincu que la prospérité de ces nouveaux établissements ne règnerait effectivement qu'autant que les maîtres seraient assujettis à une règle et à une vie communes, le jeune chanoine, mettant en pratique les avis du père Barré, qui lui-même, plusieurs années auparavant, avait institué à Rouen les écoles du Saint-Enfant-Jésus, crut devoir ouvrir sa maison aux maîtres des deux écoles de Reims. D'abord, il ne les reçut qu'aux heures des repas et aux moments fixés pour les exercices communs; mais, plus tard, il finit par les loger chez lui. Et ceux-ci, comprenant parfaitement qu'en dehors de l'unité de vie, il leur fallait aussi l'unité de sentiments, supplièrent instamment le vertueux chanoine de consentir à diriger leur conscience, de même qu'il dirigeait leur vie. Placé ainsi par la divine Providence à la tête des nouveaux instituteurs de l'enfance, l'abbé de la Salle, en devenant leur supérieur, s'appliqua tout entier à leur sanctification. Ce fut vers la fin de 1681 que l'Institut prit la forme définitive d'une communauté.

Or, tandis que le saint fondateur se livrait avec un zèle et une vigilance remarquables aux soins de son petit troupeau, sa constance et sa résolution subirent tout à coup la plus rude de toutes les épreuves. Réduits au strict nécessaire par la prévoyante austérité de leur supérieur, les novices ne voyaient en perspective, après une vie de renonciation et de labeur, qu'une vieillesse sans appui et sans ressource. Ils firent entendre des plaintes. Un jour qu'il leur parlait avec une certaine sévérité sur leur manque de confiance, l'un d'eux ne craignit pas de lui dire : « Vous parlez bien à votre aise de l'avenir, tandis que vous ne manquez de rien. Riche d'un patrimoine considérable, pourvu d'un bon canonicat, vous êtes à couvert des atteintes de l'indigence. Que notre établissement tombe, vous ne souffrez de rien. Pour nous, au contraire, notre sort est attaché à votre existence. Si, par un malheur qu'il est sage de prévoir, vous venez à nous manquer, nous tombons dans la plus affreuse détresse, et la misère sera la récompense de nos travaux et de notre jeunesse épuisée dans un emploi pénible et stérile. » Il y avait dans ces paroles un fond de vérité qui ne pouvait manquer d'agir sur un cœur aussi droit que celui du pieux chanoine. Il comprit qu'il n'y avait qu'une réponse à faire : c'était de se rendre volontairement pauvre comme eux, et de prouver par un dépouillement complet combien était entière sa confiance dans l'inépuisable bonté de la Providence. Il commença donc par se démettre de son canonicat, et conçut le dessein de se rendre à Paris, afin de poursuivre son œuvre et de lui donner un plus vaste accroissement. Mais son directeur s'y opposa : « Votre Institut, lui dit-il, est à peine conçu. Il faut laisser à cette plante, qui promet de si beaux fruits, le temps de se fortifier et de pousser de bonnes racines, avant de penser à la transplanter. Si vous agissez avant le temps, vous la faites périr.

« Votre petit troupeau, ajoutait le savant directeur, se compose d'une quinzaine de sujets au plus, dispersés en différentes localités; si vous en emmenez quelques-uns avec vous à Paris, vous l'affaiblissez encore, et vous l'abandonnez sans défense aux artifices du démon. Ainsi, en portant vos services à Paris, vous les retirez à votre ville natale. Des disciples qui n'en sont encore qu'aux premiers éléments de la vertu ont un besoin absolu d'un maître qui les enseigne, d'un guide qui les dirige. Craignez donc que ceux des vôtres que vous laisserez à eux-mêmes ne s'écartent de la droite voie dans une route si pleine d'obstacles et de périls. »

L'abbé de la Salle obéit et ne pensa plus, une fois fixé à Reims, qu'à se livrer tout entier à l'œuvre dont le ciel l'avait chargé.

C'était peu pour notre saint fondateur de se démettre de son canonicat; il voulut, conformément au précepte évangélique, se dépouiller de ses propres biens et consacrer au soulagement de la misère la part de patrimoine qui lui revenait de sa famille. Les circonstances favorisèrent son charitable projet. L'année 1684 faisait sentir à la Champagne toute la misère qu'une longue stérilité causait dans toutes les parties du royaume. Reims était devenu un immense hôpital. La plupart des habitants, réduits à la mendicité par la cessation des travaux, cherchaient avec confusion un peu de pain; la famine était si grande, que bien des riches ne purent la soutenir et se trouvèrent au rang des misérables, sans pain et sans le courage d'en demander. Le prix excessif des denrées alimentaires ne tardait pas à épuiser toutes les réserves; et ceux qui n'avaient qu'un bien médiocre se voyaient bientôt en proie à la misère. Des communautés entières, riches dans des temps ordinaires, étaient forcées de se ruiner par des ventes et des emprunts.

Cette année si désastreuse fournit à M. de la Salle l'occasion d'exercer de grandes œuvres de miséricorde dans sa ville natale; et afin de mettre plus d'ordre et de justice dans la distribution de ses abondantes aumônes, il partagea en trois catégories les pauvres qu'il voulait assister. Ceux de la première étaient les enfants mêmes des écoles gratuites, qui, au sortir des classes, emportaient chaque jour une portion de pain capable de les soutenir et de venir ainsi en aide à leurs familles. Les pauvres honteux composaient la seconde; pour les connaître, il fallait ou les deviner ou se livrer à leur égard à des recherches délicates; car la plupart, cachés au sein de leur détresse, aimaient mieux périr que de la révéler. Le charitable prêtre fit des efforts incroyables pour connaître ces infortunés et n'en être point connu, pour les assister efficacement et leur dérober la main bienfaisante qui respectait leur pudeur en rassasiant leur faim. La troisième classe se composait de pauvres qu'il réunissait dans sa maison, et auxquels il distribuait avec l'aumône la nourriture de l'âme, dont ils avaient plus besoin encore que de celle du corps. Cette affreuse disette dura deux années entières, pendant lesquelles M. de la Sallé eut tout le temps d'épuiser jusqu'à la dernière obole son opulent patrimoine. Alors seulement il se trouva dans l'état que son cœur avait désiré et put dire, en faisant de la pauvreté la règle même de son ordre : « Nos frères ne se soutiendront qu'autant qu'ils seront pauvres. Ils perdront l'esprit de leur état, dès qu'ils travailleront à se procurer les commodités non nécessaires à la vie. »

Désormais, déchu de son rang et dépouillé de ses biens, le vénérable fondateur n'avait à offrir à ceux qui voudraient le suivre que la croix de Jésus-Christ, et n'avait à leur demander en retour qu'une abnégation entière et perpétuelle. Et pourtant en peu de temps son petit troupeau s'accrut de plusieurs jeunes gens que son exemple invitait à tout quitter pour Dieu.

Lorsqu'en 1681, l'abbé de la Salle avait réuni chez lui les maîtres d'école, il n'avait rien changé à son propre genre de vie; mais lorsqu'il adopta la vie commune, il retrancha de sa table tout ce qui pouvait satisfaire les sens; il voulut vivre en pauvre et user de la nourriture des pauvres; et certes, cette résolution ne fut pas pour sa nature délicate la moins pénible de ses épreuves.

Le moment était venu de faire de l'assemblée des maîtres une communauté régulière, de leur donner un costume, des règles, et d'établir parmi eux une uniformité complète d'existence en rapport avec leur vocation. M. de la Salle les convoqua dans ce but, au nombre de douze, afin de conférer ensemble sur les moyens les plus propres à donner une forme définitive à l'établissement et à y attacher des sujets. Pour attirer sur cette importante affaire les bénédictions de Dieu, il leur proposa d'entrer en retraite, et ensuite il passa aux délibérations. On s'occupa d'abord de la nourriture. Toute volaille et tous mets délicats furent formellement exclus. La grosse viande la plus commune fut seule permise. Pour les jours maigres, on n'accorda que des légumes et ceux des poissons que leur vil prix met à la portée des pauvres. En second lieu, il fut décidé qu'on ferait les vœux de pauvreté et d'obéissance; que ces vœux seraient pour trois ans, mais avec obligation de les renouveler chaque année. Quant au costume, on adopta la capote, faite d'une étoffe grossière et de couleur noire; on y ajouta, pour remplacer l'habit de dessous, une soutane noire de la même étoffe. Ce double vêtement, pauvre et uniforme, distinguait les Frères de tous les autres corps, soit laïques, soit religieux; il leur est devenu propre; ils le portent encore aujourd'hui sans aucun changement; et il est vraiment la livrée de la simplicité, de la modestie et de la pauvreté. Or, le changement d'habit amena le changement de nom. Ils laissèrent donc le nom de maîtres d'école et prirent le nom de Frères des Écoles chrétiennes, qui renferme la définition exacte de leur état, en marque les devoirs, et leur rappelle sans cesse que c'est la charité qui a donné naissance à leur Institut, et qu'elle doit en être l'âme et la vie. A la capote et à la soutane noires, M. de la Salle ajouta un grand chapeau à très-larges bords et des souliers forts et épais, ainsi que les portent les gens de la campagne.

Un tel accoutrement ne pouvait manquer d'exciter la malignité et la moquerie; aussi le vénérable fondateur voulut-il être un des premiers à paraître dans la ville avec cet étrange costume. Comme plusieurs de ses disciples venaient de succomber sous le poids de leurs travaux, le saint instituteur, qui n'avait pas assez de maîtres pour combler les vides que la mort faisait dans leurs rangs, résolut d'y suppléer de sa personne, de se constituer maître d'école, et s'en alla remplir ses nouvelles fonctions dans la paroisse Saint-Jacques. Rien ne pouvait rebuter son zèle : non content de faire la classe, il conduisait les enfants à la messe, les menait à tous les offices du dimanche et des fêtes, marchant à leur tête avec un air de modestie et de recueillement qui faisait l'admiration de tous les gens de bien. Ce qu'il y avait de plus pénible pour lui, c'était de passer sous les yeux de personnes autrefois ses amies, et que son changement extraordinaire de condition avait irritées à l'excès contre lui. Loin de se dérober à leurs regards, il les affrontait avec une douce allégresse, sous la livrée des humbles Frères des Écoles chrétiennes. Aussi les disciples du saint fondateur ne pouvaient pas être témoins de ses austérités sans se sentir irrésistiblement entraînés à les imiter.

Une chose cependant inquiétait l'abbé de la Salle. Il avait fait vœu d'obéissance. Mais ce vœu, comment le mettre à exécution, lui supérieur, lui l'unique prêtre de la communauté ? C'est dans ce but qu'il se démit de la charge de supérieur et se vit avec joie remplacé par le frère Henri-l'Heureux, homme sage, modéré, humble et solidement vertueux. Toutefois, l'autorité ecclésiastique ne put agréer cette disposition ; les vicaires généraux, qui étaient en droit de remettre l'ordre dans la petite communauté, se rendirent au siége de l'Institut, et rétablirent, à son grand regret, M. de la Salle dans la place de supérieur. Hâtons-nous de dire néanmoins que si ce vertueux abbé trouva des ennemis et des censeurs, il rencontra aussi des admirateurs et des panégyristes. Les personnes de la première distinction cultivèrent avec soin son amitié. Le duc de Mazarin, toutes les fois qu'il venait à Reims, ne manquait jamais de le visiter.

Les hostilités dirigées constamment contre le nouvel Institut attaquaient plus personnellement le saint fondateur. Les écoles de Reims étaient peuplées d'enfants méchants, indociles et pervertis au delà de toute croyance. N'ayant pour la plupart dans la maison paternelle que de détestables exemples, n'entendant que des propos impies ou déshonnêtes, ils portaient au sein des écoles leurs habitudes de grossièreté, de dépravation, et leurs blasphèmes. Tous les honnêtes gens de Reims en gémissaient et attendaient du zèle des Frères la répression d'un désordre qui leur paraissait sans remède.

D'abord, les Frères mirent en usage les moyens de correction capables de produire de l'effet sur des âmes qui ne sont pas tout à fait intraitables. Les avertissements, les réprimandes, les marques d'affection avaient précédé; les menaces suivirent; mais les petits libertins ne faisaient que rire. La douceur n'obtenant rien, il fallut, sous peine de perdre à jamais toute autorité sur les élèves, exécuter la menace si souvent répétée de châtiments corporels. Ce remède fut efficace sur ceux dont le caractère n'était pas indomptable; mais ceux qui jusque-là avaient toujours vécu à leur guise, qui ne connaissaient ni le frein de l'autorité paternelle, ni celui de la discipline, ne manquèrent pas d'exagérer au sein de leurs familles les pénitences qu'on leur faisait subir à l'école. Les parents, sans foi ni raison, au lieu d'approuver et d'appuyer de leur autorité la juste sévérité des maîtres, vomirent des injures contre eux et excitèrent eux-mêmes leurs enfants à courir après eux et à leur jeter des pierres et de la boue. M. de la Salle eut la meilleure part de cette persécution. Comme fondateur des écoles gratuites, on le rendait responsable de tout ce qui pouvait y arriver. C'était à lui, disait-on, à prévenir les excès qui donnaient occasion à ces plaintes, à ces désordres.

Pendant ces épreuves, la divine Providence procura au vertueux fondateur l'occasion de se signaler par un trait de charité singulière. Pendant l'été de 1687, le directeur des Frères qui conduisait l'école de Guise tomba dangereusement malade. Après avoir reçu les derniers sacrements, abandonné des médecins, il n'attendait plus que le moment de rendre son âme à Dieu; mais il témoigna un si vif désir de voir son bon père avant de mourir, que les autres Frères envoyèrent aussitôt un exprès à Reims pour prévenir M. de la Salle. C'était un voyage de dix-huit lieues à entreprendre à pied, au moment des plus grandes chaleurs de l'été. Rien ne put l'arrêter. L'exprès était arrivé à midi. M. de la Salle se mit en route à une heure, et, vêtu de sa lourde soutane et de sa capote, il fit le trajet à pied, s'arrêtant à peine pendant la nuit pour prendre quelques instants de repos dans un village, et il arriva à Guise. A la vue du vénérable supérieur, le pauvre malade sembla revenir à la vie. M. de la Salle l'embrassa avec tendresse, et, sous la douce influence de ces caresses, celui qui quelques moments auparavant était à l'agonie déclara sans hésitation qu'il se sentait guéri ; et, en effet, peu de jours après, il fut complétement rétabli et en état de faire la classe.

Si l'obéissance retenait M. de la Salle à Reims, on peut dire que son cœur était à

Paris. Il n'y avait, en effet, que cette grande ville d'où la lumière du nouvel Institut pût se répandre en rayonnant sur toutes les provinces du royaume. Paris seul pouvait fournir au saint abbé les secours et la protection dont il avait besoin. Aussi M. de la Salle n'attendait-il qu'une occasion favorable pour se fixer dans cette capitale, qui ne pouvait que favoriser l'agrandissement de son œuvre. Elle ne tarda pas à se présenter.

M. Compagnon, qui dirigeait les écoles établies sur la paroisse Saint-Sulpice, était écrasé sous le poids des deux cents enfants qui étaient confiés à ses soins. Dans le courant de juillet 1687, il écrivit à M. de la Salle pour lui demander un aide. Celui-ci, qui ne voulait pas envoyer un Frère seul, répondit qu'il était prêt à se rendre à son désir, si M. le curé agréait deux Frères, et lui avec eux. La proposition fut acceptée, et le pieux instituteur prit avec deux de ses disciples la route de Paris, où il arriva le 23 février de l'année suivante. Ils furent accueillis avec la plus grande bonté par M. le curé de Saint-Sulpice, et logés dans la maison des écoles, où M. Compagnon pourvut à leur nourriture. Mais, hélas! à peine M. de la Salle fut-il installé dans cette maison, qu'il découvrit que tout n'y était que désordre et confusion. Il gémit en secret, cherchant les moyens d'y porter remède. Du premier coup d'œil, il entrevit les souffrances et les amertumes qui l'attendaient dans la voie des réformes où il était bien résolu d'entrer. Il commença par diviser les élèves en trois classes, selon leur âge et le degré d'instruction de chacun. M. Compagnon, surpris de ce nouvel état de choses, au lieu de régler sa conduite sur celle de M. de la Salle, trouva plus facile de prier M. de la Salle de le remplacer complétement dans la direction de la maison.

Or, un jour que M. le curé de Saint-Sulpice venait faire la visite des écoles, il s'entendit avec M. de la Salle et lui remit exclusivement la conduite des écoles. M. Compagnon était présent; il fut irrité de ce nouvel arrangement et ne chercha plus que l'occasion de nuire au vénérable abbé. Mais toutes ses accusations n'aboutirent qu'à faire briller davantage les vertus de M. de la Salle et à lui donner plus de crédit auprès du propriétaire de l'établissement, qui lui donna pleins pouvoirs dans sa maison. A leur tour, les maîtres d'école de Paris, qui vivaient et faisaient vivre leurs familles du produit de leurs classes, effrayés des rapides progrès des écoles chrétiennes, entrevirent le moment où leurs établissements seraient déserts et leurs familles réduites à la misère. Ils intentèrent à M. de la Salle un procès, qui heureusement tourna à son avantage. Il eut encore d'autres luttes à soutenir, soit avec M. Baudran, curé de Saint-Sulpice, qui voulait, contrairement aux règlements, apporter une réforme dans le costume des Frères, soit avec quelques-uns de ses Frères, qui, jaloux d'une préséance mal entendue, donnèrent le triste spectacle d'une honteuse désertion.

Ces luttes, ces chagrins et ces travaux ne pouvaient manquer d'affaiblir les forces du pieux fondateur. Vers la fin de 1690, il tomba malade et pensa mourir. Il signala le commencement de sa maladie par un bel exemple de régularité. Sa vénérable aïeule était encore vivante et avait pour lui une singulière tendresse. A la première nouvelle de la maladie, cette excellente dame accourut à la maison des Frères, et déjà, rassurée par son titre d'aïeule, elle prenait le chemin de la pauvre chambre où son petit-fils était couché, lorsque le malade, informé de cette visite, lui fit dire qu'elle ne pouvait dépasser le parloir et qu'il la priait de l'y attendre. En effet, recueillant le peu de forces que la maladie lui laissait, il s'habilla et descendit pour aller recevoir la visite de son aïeule. Il eut d'abord à essuyer ses reproches au sujet de l'interdiction qui venait de lui être faite; mais lui, pour se justifier, allégua la défense expresse qu'il avait faite d'introduire les femmes dans la maison, et la nécessité où il s'était cru placé de sanctionner cette règle par son exemple. Ceci se passait à Reims, où les bons Frères ne cessaient de demander à Dieu, par d'ardentes prières, le rétablissement de leur père bien-aimé. Comme il était surtout épuisé par les fatigues et les privations, le repos seul et une nourriture moins grossière suffirent pour l'arracher des portes de la mort.

A peine se crut-il soulagé, qu'il revint à

Paris; mais il y arriva si fatigué et si malade, qu'il fut obligé de se mettre au lit à son arrivée. Au bout de six semaines, une rétention d'urine se déclara et le réduisit à l'extrémité. Cette nouvelle maladie mit la consternation parmi les Frères. Un médecin hollandais, qui jouissait alors à Paris d'une très-grande réputation, le visita et proposa un remède; mais il avertit que ce remède devait décider de la vie ou de la mort du malade. Il conseilla donc de lui donner le saint viatique avant de faire l'épreuve terrible, afin d'attirer sur le remède la bénédiction du ciel et de mettre le malade en garde contre le péril. M. Baudran, curé de Saint-Sulpice, se fit un devoir de venir lui-même, avec la plus grande solennité, donner la communion à M. de la Salle. Ce fut une véritable procession, composée d'un grand nombre de prêtres de Saint-Sulpice, tous en surplis et un cierge à la main. Plusieurs personnes de toutes les conditions suivirent le saint sacrement, soit pour faire honneur au malade, soit pour s'édifier par le spectacle d'un saint aux portes de l'éternité. Les Frères, à genoux autour de la couche d'agonie, pleuraient comme des enfants. Le médecin était présent.

M. Baudran, dans la pensée de consoler les Frères, qui se regardaient déjà comme orphelins, ordonna au malade de bénir ses disciples; mais il était si faible, qu'il ne put prononcer que ces mots : « Je vous recommande l'union et l'obéissance, et je vous bénis. » Quand il voulut lever la main pour joindre le geste aux paroles, il n'en eut pas la force, et M. Baudran fut obligé de lui soutenir le bras. Ce testament sublime étant fait, il s'assit sur son séant, revêtu du surplis et de l'étole, et il reçut son Créateur avec cet extérieur de foi, de respect et de dévotion qui ne le quittait jamais. Puis,

M. Baudran ayant béni le redoutable remède, le malade l'avala sans hésitation et sans peur. Le médecin ne le quitta pas des yeux, attendant avec anxiété les résultats de la crise qu'il avait annoncée, et péniblement suspendu entre la crainte et l'espérance. Bientôt il fut rassuré. Le remède eut un plein succès; le malade, miraculeusement soulagé, fut en état, au bout de quelques jours, de prendre de la nourriture, et, après une convalescence rapide, il put recommencer ses travaux.

M. de la Salle cherchait depuis longtemps un emplacement propice où il pût transporter les Frères malades et établir un noviciat. Il trouva à l'entrée de Vaugirard une maison solitaire bien exposée et de pauvre apparence. Ce fut le second berceau de l'Institut. Il obtint de M. Baudran l'autorisation de fonder dans cette maison son noviciat, et l'archevêque de

Paris, Mgr de Harlay, lui accorda la permission de donner à sa maison les formes régulières d'une communauté.

Mais qui croira, sans en avoir été le témoin, à la pauvreté, à la misère de cette maison? A demi ruinée, ouverte à tous les vents, laissant pénétrer par le toit effondré la pluie et la neige, c'était un asile de pénitence, et non un lieu de repos. Quelques bancs grossiers, quelques mauvaises paillasses rangées sur des planches soutenues par deux tréteaux, des draps de la plus grosse toile, une seule couverture en toute saison, tel était le misérable ameublement de cette Thébaïde. Il n'y avait dans la maison que deux matelas, un pour les Frères malades, l'autre pour M. de la Salle, auquel les Frères l'avaient imposé, mais qui ne manquait jamais de le retirer au moment de se coucher. Le feu y était inconnu. Pendant sept ans que les Frères y ont demeuré, on n'y a jamais fait de cuisine ni rien de ce qui regarde le ménage. On y apportait tous les jours de la maison des Frères établie rue Princesse le pain, la soupe et les misérables aliments dont on se nourrissait. L'eau pure était la seule boisson.

Par la rigueur de la vie, par la pauvreté de la maison et de la nourriture, on peut juger de celle des vêtements. Les plus pauvres mendiants n'auraient pas daigné ramasser la dépouille des Frères et de leur supérieur. Aussi, des pieds à la tête, tout leur costume faisait horreur et compassion.

La pauvre maison de Vaugirard était le séjour de prédilection de M. de la Salle. Il fallut pourtant la quitter. L'horrible famine de 1693 en chassa les Frères, au moins pour quelque temps. Ce fut dans cette solitude que M. de la Salle rédigea en corps de règles toutes les pratiques de la communauté; et le recueil qui régit l'Institut encore aujourd'hui est tel que le saint fondateur l'a primitivement arrêté. Ce fut dans cette retraite qu'il composa la *Civilité chrétienne*, des *Instructions sur la Messe*, deux *Catéchismes*, l'un pour les enfants, l'autre pour les Frères; des *Méditations*, et d'autres livres de piété à l'usage particulier de ses disciples.

Depuis longtemps, M. de la Salle avait en vue de former des maîtres non-seulement pour les écoles des villes, mais aussi pour celles de la campagne. Le curé de Saint-Hippolyte, instruit des bons résultats que produisaient les écoles gratuites sur la paroisse Saint-Sulpice, désira procurer à la sienne les mêmes avantages. Il trouva M. de la Salle disposé à lui fournir deux Frères, et il pourvut à leur entretien avec une libéralité vraiment chrétienne. Bientôt il souhaita d'étendre aux paroisses de la campagne les bénédictions que le Seigneur répandait sur la sienne, et il conféra avec le pieux supérieur sur les moyens d'exécuter son dessein. On juge de la joie qu'une telle communication causa à M. de la Salle. Tout fut bientôt réglé. A la sollicitation du vertueux pasteur, un particulier donna une maison, et un généreux ecclésiastique 800 livres de rente pour la fondation du *Séminaire des Maîtres d'école pour la campagne.*

Dès que la maison fut en état, M. de la Salle y admit des sujets, tous venus de la campagne, et les plaça sous la direction d'un des plus anciens Frères, en qui il avait une entière confiance. Une école fut annexée à la maison : chaque novice, à tour de rôle, faisait la classe sous les yeux du préposé, et se formait ainsi par une pratique de chaque jour à l'excellente méthode des

Frères. Le lever était marqué à quatre heures et demie, le coucher à neuf. Les prières, les lectures spirituelles, l'examen de conscience, judicieusement mêlés aux exercices des classes, se partageaient la journée. Les novices portaient l'habit séculier; du reste, ils étaient nourris, logés et instruits gratuitement.

Mais la mort du vertueux curé de Saint-Hippolyte vint compromettre presque à sa naissance ce nouvel établissement, et les dispositions mêmes qu'il prit pour en assurer après lui la conservation contribuèrent à sa ruine. Comptant sur la droiture du Frère directeur, il l'institua, par son testament, héritier du fonds qui constituait l'existence du Séminaire. Pouvait-il croire que ce Frère abuserait de sa confiance au point de s'approprier un bien donné pour le Séminaire des Maîtres d'école pour la campagne?

Après les obsèques du curé de Saint-Hippolyte, M. de la Salle vint pour prendre des arrangements avec le Frère. Qu'on juge de sa surprise, lorsqu'il entendit ce perfide disciple le renier, lui dire avec hauteur qu'il ne le reconnaissait pas pour son supérieur, qu'il saurait bien se passer de lui, et qu'en conséquence il ne voulait plus avoir avec lui aucun rapport.

Sur ces entrefaites, de nouvelles écoles furent fondées à Chartres, à Calais, à Troyes et à Avignon.

Nous touchons à l'époque la plus douloureuse de la vie du bienheureux J.-B. de la Salle. Ce pieux fondateur fut accusé d'une rigueur excessive et brutale envers les Frères, auprès du cardinal de Noailles, alors archevêque de Paris, qui délégua un de ses vicaires généraux pour vérifier les faits dont on accusait M. de la Salle; et bien que les informations ne se trouvassent pas conformes au rapport fait à Son Éminence, le délégué conclut néanmoins à ce que M. de la Salle fût dégradé, déposé et déclaré incapable de gouverner la nouvelle communauté. Aussi quel fut l'étonnement du pieux supérieur, quand il entendit M. de Noailles, son protecteur, lui dire : « Vous n'êtes plus supérieur; j'ai pourvu à votre remplacement. » Un nouveau supérieur, nommé par le cardinal, fut présenté à la communauté, qui fit les protestations les plus énergiques et montra, dans cette circonstance, combien elle était attachée à M. de la Salle. A son tour, le curé de Saint-Sulpice, qui avait été si bienveillant pour M. de la Salle et le nouvel Institut, se déclara ouvertement contre ce saint fondateur; et les maîtres d'école de Paris profitèrent de ce moment de disgrâce pour poursuivre notre saint et lui intenter un procès ruineux. Dès lors, notre saint forma le dessein de quitter un établissement où il n'avait plus rien à faire et une ville où il ne trouvait que des ennemis.

Il y avait à Darnétal, petite ville industrielle située aux portes de Rouen, une école établie par les Jésuites, mais qui était devenue vacante par le décès du maître que la congrégation y entretenait. M. de la Salle fut chargé de cette école. Il y envoya d'abord deux Frères; et comme toutes les familles de Rouen manifestaient le vif désir de voir de pareilles écoles dans la ville, Mgr Colbert, alors archevêque, fit venir le pieux fondateur et l'engagea à transférer son noviciat de Paris à Rouen. Mgr Colbert avait intéressé à la réussite de son pieux dessein M. de Pont-Carré, premier président du Parlement de Normandie, magistrat aussi éminent par sa piété que par ses lumières. Le prélat rencontra au début de graves difficultés. Ceux qui étaient en possession des écoles firent des démarches actives pour les conserver, et les administrateurs de la ville résistèrent d'abord, puis, sur les instances de l'archevêque, prirent les Frères à titre d'essai. On les logea à l'Hospice-Général et on leur imposa des charges tellement onéreuses, qu'un moment on crut bien qu'ils ne pourraient se fixer dans cette ville. Mais M. de la Salle était soutenu par l'archevêque de Rouen et plein de confiance en la Providence; voyant que le séjour des Frères dans l'Hospice était chose impossible et intolérable, il se mit en quête d'une maison convenable à ses vues. Il la trouva à l'extrémité du faubourg Saint-Sever.

Cette maison, appelée Saint-Yon, était très-ancienne, et son enclos contenait dix acres de terre. Après avoir plusieurs fois changé de maître, cette maison, devenue l'héritage de Mme de Louvois, fut mise en location. M. de la Salle la visita et la trouva conforme à ses désirs. Après en avoir parlé à Mgr Colbert, il partit pour Paris, afin de la demander à Mme de Louvois. Cette dame, qui avait entendu dire le plus grand bien de M. de la Salle, fut charmée de pouvoir être agréable à un homme que l'on regardait comme un saint. Elle accueillit donc le vertueux fondateur avec bonté et lui consentit un bail de six ans au prix de 400 livres, somme bien inférieure à la valeur réelle de la maison. M. de la Salle se hâta de faire partir pour Rouen tous les meubles qu'il avait laissés en dépôt à Paris, pour en meubler la nouvelle maison. Il mit tant d'activité et de mystère dans toutes ses démarches, que la communauté était déjà établie aux portes de Rouen avant qu'on sût à Paris qu'elle était sortie de la capitale. Ce fut sur la fin du mois d'août 1705 que l'Institut entra dans une maison dont Dieu lui destinait dès lors la possession, et qui, dans la suite, est devenue son héritage.

L'humble serviteur de Dieu regardait la maison de Saint-Yon comme un port où, à l'abri des tempêtes, il pourrait désormais travailler à réparer ses pertes et mettre à profit la paix et la tranquillité pour le bien de son âme et la sanctification de ses disciples. Quoique située aux portes d'une des plus grandes villes de France, elle était retirée et solitaire; l'air y était vif et pur, et la vaste étendue des jardins présentait aux Frères une salutaire diversion à leurs travaux. M. de Pont-Carré, le pieux protecteur de la communauté, en faisait le but ordinaire de ses promenades; c'était là qu'il venait se délasser de l'accomplissement de ses austères devoirs.

Le premier soin de M. de la Salle, après avoir péniblement repeuplé son noviciat, fut d'y rétablir la primitive ferveur. Bientôt les postulants affluèrent, attirés par l'odeur de sainteté qui se répandait au dehors, et le saint fondateur en confia la direction au frère Barthélemy, homme d'une grande douceur de caractère et d'une sagesse éprouvée.

Pour réparer le mal que les agitations récentes avaient fait à ses disciples, M. de la Salle, pendant les vacances des écoles, fit venir à Saint-Yon le plus grand nombre de Frères qu'il put, et les mit en retraite pendant huit jours. Il présidait à tous les exercices, les animant par sa présence, et confirmant par ses exemples les leçons qu'il donnait. Cette retraite si opportune donna une nouvelle vie à la communauté : les Frères, consolés par le Saint-Esprit, oublièrent leurs persécutions passées et retournèrent à leurs travaux avec une nouvelle ardeur.

La bonne renommée du noviciat ne tarda

pas à se répandre, et la maison de Saint-Yon devint la ressource des familles. D'abord, on pria M. de la Salle d'y recevoir en pension quelques jeunes gens de la ville et des environs, pour les instruire et les former à la piété. Il accepta avec joie cette mission qui répondait si bien au but de l'Institut, et mit ses pensionnaires sous la conduite d'un des principaux Frères. Il fit pour eux des règles particulières, conformes à leur âge et à leur condition, et les établit dans une espèce de petit noviciat qui avait ses exercices à part.

Les résultats furent si rapides et si merveilleux, qu'en peu de temps il arriva à Saint-Yon une multitude d'enfants au naturel pervers et qui avaient fait jusqu'alors le désespoir de leurs familles et de leurs maîtres. Des libertins de profession y furent renfermés, les uns par arrêt du Parlement, d'autres par ordre du roi, plusieurs par la volonté des familles. Le plus grand nombre s'y convertirent sous la douce influence des leçons et des exemples; des natures indomptables y perdirent leur sauvage férocité; plusieurs voulurent y passer le reste de leur vie.

La maison de Saint-Yon comprenait donc trois espèces de communautés en une: celle des novices, celle des Frères chargés du service de l'Institut, et celle des pensionnaires. Mais tel était l'ordre que M. de la Salle y avait établi, que, malgré la diversité des exercices et le grand nombre de personnes d'âges si différents qui vivaient ensemble sous le même toit, on n'apercevait aucun signe de tumulte ou de confusion. Tout se faisait dans un si grand silence, que les étrangers auraient pu croire la maison inhabitée; et pourtant, plus de cent personnes y vivaient, d'âge, de caractère et d'état bien différents.

Or, à peine M. de la Salle goûtait-il les douceurs de sa chère solitude, qu'il lui fallut de nouveau retourner à Paris, pour faire face à ses nombreux ennemis, qui, fiers de lui avoir fait abandonner le faubourg Saint-Antoine, espéraient bien le chasser également de la paroisse Saint-Sulpice, où il avait toujours des écoles. Cette fois, le pieux fondateur, ne voulant pas avoir constamment à lutter, autorisa les Frères à fermer les écoles. Le bruit de cet événement extraordinaire se répandit aussitôt de tous côtés. Les familles alarmées allèrent trouver M. de la Chétardie, qui, malgré ses préventions contre l'humble serviteur de Dieu, le pria de rouvrir les écoles gratuites, lui donnant l'assurance que les Frères n'y seraient plus inquiétés à l'avenir. Il convoqua chez lui les principaux maîtres écrivains, et fit dresser en leur présence, par-devant deux notaires, un acte par lequel il déclarait que c'était lui qui avait chargé les Frères de tenir les écoles de charité sur sa paroisse; que M. J.-B. de la Salle, prêtre et docteur en théologie, avait été mal à propos inquiété à cette occasion par les maîtres écrivains, puisqu'il n'avait employé ses disciples à cette œuvre que sous ses auspices, à ses frais et par ses ordres; que lui curé n'avait en cela fait que suivre les exemples de ses prédécesseurs, qui avaient appelé à Paris M. de la Salle et ses disciples pour rendre ce service aux pauvres de la paroisse; que les loyers des lieux où les classes se tenaient, et même le logement de ceux qui enseignaient, étaient payés de ses deniers; enfin, que c'était lui qui avait toujours nourri et entretenu les Frères nommés dans l'acte; qu'il entendait qu'ils eussent toute liberté de continuer leurs fonctions, et qu'il faisait le présent acte pour servir et valoir à qui il appartiendrait.

Cet acte fut remis entre les mains du saint fondateur, qui, satisfait de cette tardive réparation, fit rouvrir les écoles après trois semaines d'interruption.

Mais la lutte n'était pas terminée; le curé de Saint-Sulpice était froid envers M. de la Salle, et ses ennemis en profitèrent pour continuer leurs persécutions, malgré l'acte authentique que nous venons de transcrire. M. de la Salle ordonna de nouveau la fermeture des écoles, et dispersa tous ses disciples, deux à deux, dans les divers établissements que l'Institut possédait déjà. Le directeur demeura seul à Paris, pour garder la maison et répondre à ceux qui auraient affaire à la communauté. Les familles firent entendre de nouvelles plaintes. On accusa le curé d'avoir, par son silence, autorisé l'audace des maîtres écrivains et occasionné ainsi un événement si funeste aux intérêts des enfants.

M. de la Chétardie pria M. de la Salle de vouloir bien recommencer au plus tôt ses classes. Le vénérable fondateur saisit cette occasion pour poser enfin des conditions de nature à protéger ses disciples contre les mauvais procédés dont on avait jusqu'alors usé à leur égard. Tout fut réglé pour le mieux. Les écoles se rouvrirent le 1er octobre 1706; et telle était l'impatience des familles, que, dès le premier jour, les classes se trouvèrent trop étroites pour la multitude des enfants qui y furent conduits. C'est ce qui détermina M. de la Salle à quitter la maison que ses Frères habitaient depuis dix-huit ans dans la rue Princesse, et à se fixer près de la barrière de Sèvres, dans le quartier des Incurables.

C'est vers cette époque que furent fondées les écoles gratuites de Dijon, Mende, Alais, Grenoble et Saint-Denis. Toutes ces fondations eurent lieu d'après la demande des évêques, et grâce aux pieuses libéralités d'un bon nombre de familles.

Bientôt le terrible hiver de 1709, et la disette qui survint pour en accroître les rigueurs, vinrent changer en souffrances de toutes sortes le bonheur dont M. de la Salle jouissait dans la nouvelle maison de la rue de Sèvres. Privés de feu, réchauffés par leur ferveur seule, les pauvres Frères ne trouvaient à manger au réfectoire qu'autant qu'il en fallait pour ne pas mourir de faim. C'était assez pour eux. En voyant leur supérieur, dont tous les traits respiraient la paix et la joie, ils étaient satisfaits, et, loin de songer à se plaindre, ils apprenaient par son exemple à goûter dans la pauvreté la manne céleste que Dieu y renferme pour les siens. Du reste, chacun d'eux ne sentait que ses peines personnelles; mais le saint fondateur, comme chef, ressentait en son cœur de père les souffrances de tous ses enfants.

Et ce n'était pas à Paris seulement que ses disciples avaient à souffrir de la rigueur de la faim et de l'hiver ; c'était partout ; le bon supérieur le savait, et il souffrait de toutes les privations que la Providence imposait à ses disciples.

Ceux qu'il avait à Saint-Yon étaient ceux dont la situation l'alarmait davantage. En proie à la pauvreté, oubliés dans leur détresse par ceux dont ils devaient attendre le plus de sympathie, ils se résignaient à mourir. Ils avaient frappé en vain à la porte des maisons opulentes, chez les nobles, chez les bourgeois, chez les magistrats ; partout ils avaient été rebutés avec dureté. Ils s'étaient adressés à l'archevêché, comme à leur suprême ressource. Mais Mgr d'Aubigné, successeur de Mgr Colbert, n'avait pas pour les Frères les mêmes dispositions que son prédécesseur. Il était arrivé à Rouen prévenu contre M. de la Salle et ses disciples. Il croyait faire beaucoup que de les souffrir dans son diocèse. Il les oubliait, et n'aimait ni à les voir ni à en entendre parler; c'était tout ce que ses préventions lui permirent de faire en leur faveur. Il se montra donc sourd à la demande de ces pauvres affamés.

M. de la Salle vit bien que ses disciples n'avaient rien à attendre dans une ville où l'on croyait leur faire grâce en leur permettant de distribuer charitablement l'instruction aux pauvres. Il fit donc venir à Paris les novices de Saint-Yon. Mais là, nouvel embarras; la maison était trop petite, le mobilier insuffisant, les ressources manquaient. Un jour que toutes les provisions étaient épuisées et que le boulanger refusait de fournir du pain, M. de la Salle s'en alla dire la messe pour implorer l'assistance divine en ce pressant besoin. Chemin faisant, il rencontra une personne qui lui demanda, par forme de conversation : « Où donc allez-vous de si bonne heure ? — Je m'en vais célébrer la sainte messe, répondit-il, et prier Dieu d'envoyer ce qui est nécessaire pour vivre aujourd'hui à notre communauté, qui est dépourvue de nourriture et n'a pas de quoi en avoir. — Allez en paix, cher Frère, répliqua cette personne attendrie ; je vais y pourvoir. » Et sur-le-champ elle porta 10 écus à la communauté.

L'extrême pauvreté de la maison, les privations de tout genre auxquelles elle était soumise, la rigueur du froid surtout y engendrèrent le scorbut, maladie contagieuse et difficile à guérir. Six Frères en furent attaqués à la fois. M. de la Salle, chargé de veiller à la santé d'un si nombreux troupeau, opposa au fléau des qualités morales qu'il n'avait pas encore eu l'occasion de déployer. On le vit se multiplier pour ainsi dire, empressé sans trouble, diligent sans inquiétude, isoler le mal, soigner les malades et veiller à la préservation de ceux que la main du Seigneur avait épargnés. Son célèbre médecin, M. Helvétius, qui déjà avait rappelé le vénérable fondateur des portes de la mort, vint encore cette fois à son secours. A sa prière, l'illustre docteur entreprit la guérison des intéressants malades, et les rendit en peu de jours à la santé, sans qu'il leur en coûtât autre chose que de vives souffrances et d'humbles actions de grâces.

Toutefois, cette année de tribulation ne se passa pas sans apporter à M. de la Salle quelques consolations. M. Huchon, curé de Versailles, que Louis XIV honorait de son estime et de sa confiance, demanda au vénérable fondateur deux de ses disciples pour établir dans sa paroisse une école gratuite. Les deux Frères furent envoyés, l'école s'ouvrit dans une maison voisine du Parcaux-Cerfs et eut le plus grand succès.

Un vertueux ecclésiastique du diocèse de Viviers, se trouvant à Avignon en 1708, désira constater par lui-même si tout le bien qu'on disait des Écoles chrétiennes était réel; il alla donc les visiter, et, les résultats ayant dépassé son attente, il voulut, par un testament en bonne forme, assurer la fondation d'une école gratuite dans la petite ville des Vans, qui, située au centre des Cévennes, avait été particulièrement infectée par l'hérésie. Ce testament fut envoyé à M. de la Salle, après la mort du testateur; et aussitôt deux Frères furent envoyés aux Vans, et l'école gratuite s'ouvrit la même année.

Ce fut cette même année (1710) que furent ouvertes les écoles de Boulogne-sur-Mer et de Moulins, capitale du Bourbonnais.

Nous avons vu M. de la Salle attaqué

dans son œuvre. Le moment vint où il fut aussi attaqué dans son honneur et sa réputation. Le pieux fondateur visitait les établissements du Midi de la France, quand une lettre le rappela tout à coup à Paris. Il s'agissait d'une grave affaire. Il était accusé d'avoir acquis la maison de Saint-Denis au préjudice d'un mineur, et d'avoir, par conséquent, suborné ce mineur. Voici le fait. Un jeune abbé, âgé de vingt-trois ans, en visitant l'établissement de la rue Princesse, avait demandé à M. de la Salle son bienveillant concours pour la fondation d'une maison où des jeunes gens viendraient apprendre un métier. M. de la Salle refusa. Le jeune abbé, sans tenir compte du refus qu'on venait de lui donner, voulut s'associer à l'œuvre des Maîtres d'école pour la campagne. Il visita la maison de Saint-Denis, en fit le prix, et engagea M. de la Salle à concourir à l'achat de cette maison pour y fonder le Séminaire des Maîtres d'école pour la campagne. M. de la Salle, qui s'était assuré auparavant de l'assentiment du cardinal de Noailles, consacra à cette acquisition une somme de 5,200 livres, et les Frères en prirent possession vers Pâques de l'année 1709. Or, le jeune abbé se déclara ensuite contre M. de la Salle et se montra disposé à faire du scandale. Vainement le pieux fondateur offrit de renoncer à la somme qu'il avait versée. Ce n'était pas là le compte de ses ennemis secrets, qui voulaient qu'il payât de son honneur et peut-être de sa liberté son excès de confiance.

Pour ne pas abandonner la cause de Dieu sans essayer de la défendre, il rédigea un mémoire sur cette affaire et le remit, avec les pièces à l'appui et les lettres de l'abbé, à des personnes en crédit. Tout fut inutile. On voulait une condamnation et une flétrissure, on obtint l'une et l'autre. On vint annoncer à M. de la Salle qu'un jugement avait été rendu, portant confiscation de la maison en litige et prise de corps contre lui. Le pauvre prêtre fut étonné d'un tel dénoûment; il se décida à quitter Paris et alla cacher dans le fond de la Provence ses ennuis et ses douleurs. Il arriva à Avignon sur la fin du carême de l'année 1712; et de là, il se disposa à visiter tous les établissements qui existaient dans ces contrées. Il eut encore bien des peines à endurer dans ce voyage. Dans bien des localités, il vit que ses ennemis étaient constamment après lui et lui suscitaient de nombreux embarras. Il eut à souffrir aussi de la défection de quelques Frères, qui eurent l'insolence de le traiter avec mépris. Persuadé que le bien lui était désormais impossible, il forma le dessein de quitter la France.

Il y avait longtemps qu'il désirait aller à Rome; il résolut donc de s'embarquer pour aller dans la ville éternelle se prosterner aux pieds du souverain pontife, afin de prendre mission de lui et lui demander la confirmation de son Institut. Un vaisseau était près de faire voile pour les États-Romains. Il y arrêta une place et fit tous les préparatifs de son voyage. Le jour du départ du navire, il se dirige vers le port; il va s'embarquer, lorsqu'il rencontre l'évêque qui l'arrête et lui ordonne de retourner à la communauté, pour prendre possession d'une école qu'il destinait aux Frères. Cet ordre du prélat parut au saint prêtre un ordre du ciel. Il retourne sur ses pas, et, en entrant dans la communauté, il dit en souriant à ses disciples étonnés de le revoir : « Dieu soit béni! me voilà revenu de Rome. Ce n'est pas sa volonté que j'y aille. Il veut que je m'emploie à autre chose. »

Bientôt après il partit pour Grenoble. Là, tout le monde s'étudia à l'envi à lui faire oublier ses peines passées. Les Frères surtout étaient ravis de posséder le vénérable fondateur de l'Institut.

La grande Chartreuse, fondée en 1084 par Bruno, dans la région des neiges et des glaces, n'est qu'à trois lieues de Grenoble. Un invincible attrait poussait M. de la Salle à aller passer quelques jours dans cette solitude sanctifiée par de si illustres exemples. Comme lui, le saint fondateur de l'ordre des Chartreux avait renoncé aux dignités ecclésiastiques, refusé l'archevêché de Reims, pour embrasser une vie d'austérité, de travail et d'obscurité. Le vénérable instituteur pouvait-il ne pas saisir l'occasion si favorable qui s'offrait à lui de faire un pèlerinage dans cette retraite?

En arrivant dans l'affreux désert au centre duquel s'élève le célèbre monastère, M. de la Salle se sentit pénétré de respect. A la vue de ces rocs escarpés qu'un hiver éternel couronne de neige, de ces sombres sapins, de ces noirs mélèzes, seuls produits de cette sauvage nature, et édifié du silence et du recueillement qui font ressembler le couvent à un immense sépulcre habité par des ombres, son inclination naturelle pour la retraite redoubla, et il ressentit un vif désir de revenir finir ses jours parmi ces pieux cénobites.

M. de la Salle conserva auprès du Père Prieur le plus strict incognito. Mais il ne put empêcher que le saint religieux ne distinguât l'insigne piété et la douce modestie de son hôte. Aussi, sans s'arrêter à remarquer les traits nobles et gracieux du pauvre prêtre, non plus que les vêtements grossiers dont il était vêtu, il honora, sans le connaître, la vertu qui brillait en lui, et fit de douces instances pour retenir quelque temps dans sa solitude un homme qui en faisait l'édification. Mais les affaires de sa communauté rappelaient M. de la Salle à Grenoble : il s'arracha donc au bout de trois jours au charme de ces lieux saints, et rentra dans sa maison pénétré d'estime et de vénération pour ce qu'il avait vu.

Quelques jours après son retour, il fut obligé d'envoyer en mission le Frère qui dirigeait l'école de la paroisse Saint-Laurent. Comme il n'avait en ce moment que le nombre de Frères strictement nécessaire, M. de la Salle prit la place du Frère absent et s'appliqua à faire la classe aux enfants avec une douceur, une patience et une attention dignes de servir de modèle à tous les Frères chargés de l'enseignement. On vit ce docteur, cet ancien chanoine d'un des plus illustres chapitres de France, ce chef vénéré d'une communauté déjà renommée, se faire un devoir d'instruire les enfants, d'apprendre l'alphabet aux plus petits, aux autres la lecture et l'écriture, à tous la doctrine chrétienne. Il s'acquittait de ce devoir avec une satisfaction visible, laissant ainsi à ses successeurs un exemple qu'ils ont tous pris à cœur d'imiter.

Pour ne pas remplir à demi la fonction de maître d'école, le saint fondateur conduisait chaque jour les enfants, deux à deux, à l'église, pour les faire assister à la messe. Là, après les avoir rangés avec ordre, il montait à l'autel et célébrait les saints mystères avec une majesté si grande, une dévotion si parfaite, qu'il fixait l'attention des assistants et même des petits enfants qu'il était obligé de laisser un moment sans surveillance. Ce fut cet acte extérieur qui révéla à Grenoble la présence de M. de la Salle; on ne l'appela plus que le saint prêtre.

Quand le Frère fut de retour, M. de la Salle reprit sa vie de retraite, de prière et de mortification. Il s'occupa de composer quelques ouvrages de piété, et fit une troisième édition plus complète que les précédentes de son beau livre intitulé : *Les Devoirs d'un Chrétien.*

C'est pendant qu'il goûtait auprès des Frères de Grenoble ces courts moments de repos que fut publiée la fameuse bulle *Unigenitus*. Quelle que fût la réserve habituelle de M. de la Salle, il se fit un point de conscience de se déclarer pour les principes de la bulle. Il la lut à ses disciples, avec l'instruction pastorale qui l'accompagnait, appuya sur chacune des cent une propositions condamnées par le souverain pontife, et en fit sentir l'erreur et le danger. Cette conduite lui attira l'animosité des Jansénistes; mais tout ce qu'ils tentèrent pour obscurcir sa bonne renommée ne fit qu'en rehausser l'éclat.

Pendant l'absence du saint fondateur, l'Institut avait beaucoup souffert, et les Frères de Paris, de Versailles et de Saint-

Denis, ayant enfin découvert sa mystérieuse retraite, lui écrivirent une lettre pressante pour l'engager à revenir au milieu d'eux. Il fit ses adieux à ses amis de Grenoble, exhorta les bons Frères dont il avait reçu l'hospitalité à persévérer dans l'union, dans la charité, dans la fidélité à leur vocation, et se rendit à Lyon, où il alla prier sur le tombeau de saint François de Sales, implorant Dieu, par l'intercession de ce saint, de répandre ses grâces sur son Institut. Il continua son voyage en visitant les Frères de Dijon, et arriva enfin à Paris, le 10 août 1714.

Un an plus tard, le 1er septembre 1715, la France perdit le grand roi, et l'Institut perdit en lui un puissant protecteur. Le pieux monarque avait accordé aux Frères tout ce qu'ils avaient demandé ; il venait même de donner des ordres pour l'établissement d'une école chrétienne à Fontainebleau; mais ces ordres restèrent sans exécution.

La cherté extraordinaire des vivres, qui augmentait tous les jours à Paris, engagea M. de la Salle à transférer le noviciat en province, où il lui serait plus facile de pourvoir à sa subsistance. Le frère Barthélemy, qui l'avait remplacé pendant son absence, partit pour Rouen dans le courant d'octobre avec quelques novices, et le noviciat se trouva dès lors établi à Saint-Yon. M. de la Salle l'y suivit au bout de quelques mois, et une fois arrivé dans ce lieu de silence et de paix, il ne songea plus qu'à se préparer à la mort et à mettre son Institut dans l'état où il désirait le laisser. Il commença par donner sa démission de supérieur général. A cette occasion, on réunit tous les Frères directeurs des différentes localités, on procéda par voie de scrutin à l'élection du nouveau supérieur, et l'unanimité des suffrages désigna le frère Barthélemy comme supérieur général de l'Institut des Écoles chrétiennes.

Le bon Frère, effrayé de la lourde charge qu'on venait de lui imposer, demanda et obtint qu'on nommât pour l'assister deux autres Frères des plus capables. Cette dignité d'assistants s'est perpétuée dans l'Institut. Cette fois, M. de la Salle se trouva heureux d'être oublié, placé dans le rang le plus obscur, uniquement occupé désormais de mourir dans cet état de dépendance et d'abaissement qui avait été l'ambition de toute sa vie. Dès ce moment, on le vit, comme le plus fervent des novices, se conformer avec la plus scrupuleuse ponctualité à toutes les exigences de la règle. A quelque temps de là, notre saint se vit obligé d'aller à Paris, pour recueillir un legs testamentaire fait en sa faveur par M. Rogier, le même qui avait autrefois prêté son nom pour l'achat de la maison de Saint-Denis. M. de la Salle alla demander asile au séminaire de Saint-Nicolas-du-Chardonnet, qu'il édifia par le touchant spectacle de ses vertus.

Sur ces entrefaites, Mme la marquise de Louvois mourut. La maison de Saint-Yon était sa propriété, et les héritiers, ignorant sans doute les bienveillantes dispositions de la défunte en faveur des Frères, leur donnèrent congé. Cette nouvelle les consterna, et M. de la Salle partagea la désolation de ses disciples. Toutefois, le legs de M. Rogier leur permettait de faire l'acquisition de Saint-Yon. M. l'abbé de Louvois leur en facilita l'achat, et des lettres-patentes du roi confirmèrent plus tard cette acquisition. M. de la Salle fut transporté de joie en voyant ses disciples possesseurs d'un domaine où ils avaient déjà goûté tant de joies, et il ne pensa plus qu'à remercier la divine Providence dans la solitude qu'il s'était faite au Séminaire de Saint-Nicolas. Mais les Frères souffraient de son éloignement. M. de la

Salle avait soixante-sept ans; les chagrins et les austérités avaient épuisé ses forces : le supérieur craignait que le saint fondateur ne mourût hors du sein de sa famille et que d'autres mains que les siennes ne lui fermassent les yeux. Il ordonna donc au pieux fondateur de revenir au milieu de ses chers disciples. Son retour à Saint-Yon fut accueilli par les Frères comme un don du ciel. Ils lui avaient plus d'une fois entendu dire que sa fin était proche, et ils s'empressèrent à l'envi de mettre à profit le peu de temps qu'ils avaient de le posséder.

Mais Dieu, qui avait fait marcher jusque-là son serviteur d'épreuve en épreuve vers la perfection, ne permit pas qu'il goûtât dans sa solitude une paix sans mélange. Une dernière persécution lui était réservée, et il devait, à l'exemple de Notre-Seigneur, mourir dans l'opprobre.

Le curé de Saint-Sever ne cessait de se

plaindre des Frères et de leur supérieur, de ce qu'ils n'observaient pas les conventions relatives à l'assistance aux offices paroissiaux. En vain M. de la Salle voulut-il prouver que la plupart de ces conventions étaient devenues impraticables; en vain montra-t-il les inconvénients qui en avaient suivi l'exécution; il ne fut jamais écouté. Un des grands vicaires de Mgr d'Aubigné prit parti pour le curé, et sa prévention alla si loin, qu'il reprocha à M. de la Salle d'avoir menti, et l'accusa formellement de mensonge devant l'archevêque. Aussitôt M. de la Salle fut déclaré imposteur et condamné à l'interdiction. Vainement un bon chanoine, qui s'était fait rendre un compte exact des faits dont on accusait M. de la Salle, voulut-il prendre sa défense. Tout fut inutile. Dieu voulait que son serviteur mourût calomnié. Le vicaire général lui envoya un prêtre pour lui notifier la révocation de ses pouvoirs. C'était trois jours avant sa mort. Cette ignominie n'eut d'ailleurs aucun éclat. M. de la Salle, étant dans son lit, n'avait à exercer aucun des pouvoirs qu'on venait de lui retirer, et il tint la sentence secrète, afin de ne pas jeter le scandale et la consternation parmi les siens.

Quant à lui, il reçut cette humiliation, qui fut la dernière, sans rien perdre de son calme et de son auguste sérénité. Et chose bien remarquable! quelques jours après, les Frères étant venus annoncer au grand vicaire la mort de leur instituteur : « C'est un saint, s'écria-t-il, le saint est mort, » révoquant ainsi l'odieuse sentence qu'il avait fait prononcer contre l'humble victime.

Le pieux malade s'affaiblissait de plus en plus. Cependant la fête de saint Joseph approchait, et M. de la Salle désirait ardemment célébrer la messe ce jour-là en son honneur; mais il fallait un miracle pour réaliser ce pieux désir. Le miracle se fit : la veille de la fête, sur les dix heures du soir, le malade sentit ses souffrances diminuer et ses forces revenir. Il put le lendemain, à la grande stupéfaction de tout le monde, se lever et célébrer les divins mystères. Mais en descendant de l'autel, il retomba dans son premier état.

Le curé de Saint-Sever, averti du danger où se trouvait le fondateur des Frères, se rendit auprès de lui, l'exhorta à la patience et fit sa réconciliation avec lui. Ce fut une dernière consolation pour l'humble persécuté. Il demanda le saint viatique et passa la nuit tout entière à se disposer à le recevoir. Dès que le jour commença à paraître, il fit disposer sa cellule avec toute la pompe que comportait la pauvreté de sa maison. Il ne voulut pas rester dans son lit pour recevoir le Roi des rois, et il fit tant d'instances, qu'on l'habilla, et qu'on le revêtit de l'étole et du surplis. Quand la cloche annonça l'approche du divin Rédempteur, saisi d'un saint transport, il se leva de la chaise où on l'avait assis, et se prosterna. Ce fut dans cette position, le visage resplendissant d'un bonheur céleste, qu'il reçut le saint viatique avec la ferveur d'un ange.

Il était temps : les forces factices qui avaient paru le ranimer pour quelques instants disparurent rapidement, et il se hâta de demander le dernier sacrement. L'extrême-onction lui fut, en effet, donnée le lendemain, 6 avril, qui était le jeudi saint, et il répondit lui-même à toutes les prières d'usage.

Sur le soir, il commença à perdre connaissance; on récita les prières des agonisants. A peine étaient-elles achevées, qu'il recouvra ses esprits, et dit à ceux qui entouraient sa couche funèbre : « Si vous voulez vous conserver et mourir dans votre état, n'ayez jamais de commerce avec les gens du monde; car peu à peu vous prendriez goût à leurs manières d'agir, et vous entreriez si avant dans leurs conversations, que vous ne pourriez vous défendre par politique d'applaudir à leurs discours, quoique très-pernicieux; ce qui serait cause que vous tomberiez dans l'infidélité; et n'étant plus fidèles à observer vos règles, vous vous dégoûteriez de votre état, et enfin vous l'abandonneriez. »

Il ne put en dire davantage; une sueur froide le saisit, et en glaçant ses membres lui ôta l'usage de la parole. Il entra aussitôt dans une rude agonie; et sur les quatre heures du matin, il fit un effort comme pour se lever et aller au-devant de quelqu'un; il joignit les mains, leva les yeux au ciel, et rendit son âme à Dieu.

C'était le vendredi saint, 7 avril 1719. Il était dans sa soixante-huitième année.

Aussitôt que la nouvelle de la mort du vénérable fondateur se fut répandue à Rouen, on entendit dans tous les quartiers retentir cette parole : « Le saint est mort. » On accourut de toutes parts pour contempler ses traits une dernière fois ; puis on se jeta sur ses pauvres vêtements, dont chaque lambeau devint une relique. Quelques-uns même coupèrent de ses cheveux.

Le corps du saint prêtre, revêtu des vêtements sacerdotaux, fut exposé dans la chapelle de Saint-Yon, depuis le vendredi soir jusqu'au samedi saint après midi. Il fut ensuite enterré dans la chapelle Sainte-Suzanne de l'église paroissiale de Saint-Sever, en présence d'un immense concours de fidèles, d'un grand nombre d'ecclésiastiques et de religieux de divers ordres. Voici l'épitaphe qui fut gravée sur son tombeau :

« Ici attend la résurrection le vénérable Jean-Baptiste de la Salle, de Reims, prêtre, docteur en théologie, ex-chanoine de l'Église métropolitaine de Reims, instituteur des Frères des Écoles chrétiennes. Illustre par sa naissance, plus illustre par ses vertus. Il est mort le sixième jour de la semaine sainte, le septième jour d'avril, l'an 1719, dans la maison des Frères de Saint-Yon, de cette paroisse, âgé de soixante-huit ans. Que Dieu lui donne de trouver le repos en ce jour! Ce monument de pieuse reconnaissance a été élevé à son très-pieux paroissien par Louis Dujarrier-Brénard, curé de cette paroisse. »

La solennité pascale n'ayant pas permis de célébrer le service funèbre, ce ne fut que le lundi de Quasimodo qu'il fut célébré avec beaucoup de solennité par les ecclésiastiques du petit séminaire de Saint-Patrice.

Les vénérables restes de M. de la Salle demeurèrent dans la chapelle de Sainte-Suzanne jusqu'en 1734. A cette époque, l'église que les Frères avaient fait bâtir à Saint-Yon étant terminée, ils obtinrent de Mgr Nicolas de Saulx-Tavannes, archevêque de Rouen, la faveur d'y faire transporter le corps de leur bien-aimé fondateur. Cette cérémonie se fit avec la plus imposante solennité : seize prêtres en surplis et en étole portaient le cercueil; plus de trois cents prêtres l'accompagnaient, tenant tous des cierges allumés. Les troupes de la garnison formaient la haie. Les saintes reliques, après avoir traversé les rues de la cité au milieu d'une affluence innombrable, furent déposées derrière l'autel du chœur de Saint-Yon, dans un caveau préparé pour les recevoir. Le lendemain, 17 juillet, monseigneur l'archevêque alla bénir solennellement la nouvelle église et y dit le premier la messe.

Ce fut le 8 mai 1840 que le souverain pontife Grégoire XVI déclara vénérable l'humble serviteur de Dieu, et autorisa la poursuite de sa béatification devant la Congrégation des Rites.

La mort de Grégoire XVI et les troubles qui accompagnèrent l'avénement au trône pontifical de Sa Sainteté Pie IX, ont dû suspendre pour quelques années les travaux de la béatification de l'illustre fondateur de l'Institut des Frères des Écoles chrétiennes. Hâtons-nous de dire, néanmoins, que depuis 1860 on a repris avec une nouvelle activité cette belle cause, dans le succès de laquelle nous avons tous la plus grande confiance.

Et bientôt, nous l'espérons, nous verrons ce saint fondateur honoré d'un culte public par les générations reconnaissantes, son nom inscrit au livre des saints, et sa statue recommandée par l'Église à la vénération des fidèles.

Ce serait le moment de parler des bienfaits innombrables que cette œuvre éminemment catholique a répandus dans le monde entier. Ce serait le moment d'exprimer notre profonde reconnaissance à tous ces illustres et fervents disciples du bienheureux Jean-Baptiste de la Salle qui ont poursuivi et développé sur tous les points du globe, avec tant de succès, l'œuvre de bienfaisance de leur saint fondateur. Nous aimons mieux, en terminant, montrer les résultats incomparables obtenus par cet Institut, malgré tous les obstacles et en si peu de temps. Ce sera le plus bel éloge que nous pourrons faire et de l'importance de l'œuvre et du zèle des bons Frères qui la propagent.

En France seulement, la statistique publiée en décembre 1852 constatait l'existence de 568 établissements, de 1,029 écoles, 3,193 classes, 221,000 élèves. Les autres parties du monde, la Belgique, la Savoie, le Piémont, la Prusse, la Suisse, les États-Pontificaux, le Canada, les États-Unis, le Levant, possédaient 118 établissements, 224 écoles, 683 classes, 43,250 élèves; et pour suffire à ces 264,000 élèves, l'Institut présentait un personnel de 8,200 membres.

En présence de ces résultats merveilleux, nous pouvons donc appliquer à l'Institut des Écoles chrétiennes ces paroles du roi-prophète : « Le juste fleurira comme le palmier ; il croîtra comme le cèdre du Liban. »

FIN.

www.ingramcontent.com/pod-product-compliance
Lightning Source LLC
Chambersburg PA
CBHW070302100426
42743CB00011B/2306